Für: Alina
Eine zauberhafte
für ein zauberhaf
Von:

An einem sonnigen Sommermorgen spielte Alina in ihrem Garten.

Plötzlich hörte sie hinter einem großen Laubbaum ein seltsames Schniefen und Wimmern.

Alina
schlich sich auf
Zehenspitzen immer näher
an das Wimmern heran. Als sie
um den Baum herum schaute, war
Alina verblüfft, sie
entdeckte ein weiß-lilanes,
traurig dreinblickendes...

...EINHORN!

„Hallo,
ich heiße **Alina**.
Wie heißt du und warum weinst du?“,
fragte **Alina**
das Einhorn.

„Ich bin Glitzer.
Ich habe alle
magischen Farben
von meinem
Regenbogenhorn
verloren, weil ich zu
viele Wünsche erfüllt
habe", sagte das Einhorn.

„Das ist ja schrecklich!",
rief Alina.
„Wie kann ich dir helfen, deine
Magie wiederzubekommen?"

„Nun“, sagte Glitzer, „wenn ich glücklich bin, kehren die Farben in mein Horn zurück. Wenn ich alle sieben FARBEN habe, sind meine magischen Kräfte wiederhergestellt. Dann kann ich auch wieder Wünsche erfüllen.“

Alina dachte nach.
Sie überlegte und grübelte...

...Was könnte
sie nur tun?

„Ich hab's!",
rief Alina.

„Wir müssen Dinge tun,
die Glitzer wieder
zum Glitzern
bringen!"

#1

Also

begannen sie
Verstecken zu spielen.

Glitzer war nicht
sehr gut darin, aber weil ihr
das Spiel so gut gefiel, kehrte
die erste Regenbogenfarbe
in ihr Horn
zurück –
RUBIN-ROT!

#2

Dann saßen sie auf kuscheligen Sitzsäcken, tranken heißen Kakao und aßen regenbogenfarbene Marshmallows. Das machte Glitzer sehr glücklich!

Mit einem Schluck von ihrer heißen Schokolade blitzte auf Glitzers Horn plötzlich die Farbe ORANGE wieder auf. „Ich weiß jetzt, was du brauchst", sagte Alina.

„... einen Wohlfühl-Verwöhn-Tag!"
Also hüllten sie sich in flauschige Bademäntel, ließen sich die Nägel lackieren und wurden so sehr verwöhnt, dass das **SONNEN-GELB** wieder an Glitzers Horn prangte.

#4

Als Nächstes hüpften sie auf Alinas

Trampolin **auf** und **ab** und machten Purzelbäume.

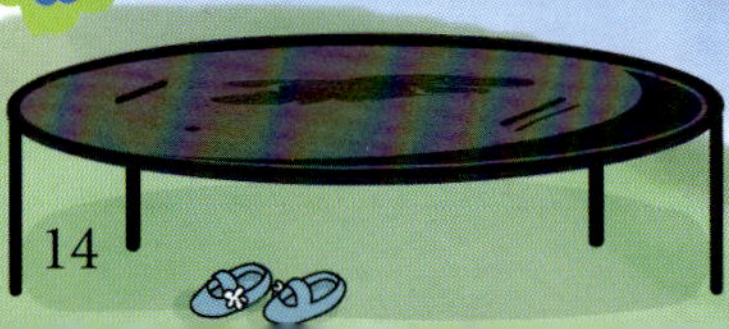

Sie hatten so viel Spaß, dass Glitzers **SMARAGD-GRÜNE** Farbe auch wieder auf ihrem Horn erschien.

#5

Hungrig von der ganzen Hüpferei gingen die beiden Freundinnen hinein, um **Einhorn**-Törtchen zu backen.

Überall in der Küche waren Eier und Mehl verstreut, als auf einmal das HIMMEL-BLAU wieder auf Glitzers Horn erschien.

Es fehlten nur noch zwei Farben und Glitzer fühlte sich schon viel besser. Was konnten sie tun, um die letzten beiden Farben zurückzubekommen?

„AHA!",
rief **Alina**,
die sich daran erinnerte,
dass der **Jahrmarkt**
gerade in die Stadt
gekommen war.

Freude…

… da blitzte ein DUNKELBLAU auf!

Jetzt fehlte nur noch **eine** Farbe.

#7

Völlig erschöpft von all dem Vergnügen machten es sich die beiden Freundinnen bei einem magischen Film und etwas Popcorn gemütlich. Glitzer war so glücklich, dass nun auch das LILA, die allerletzte Regenbogenfarbe, wieder auf ihr Horn zurücksprang.

„Jetzt sind alle Farben wieder da! Danke Alina!“, lachte Glitzer. „Du hast mich SO glücklich gemacht, dass alle meine magischen Regenbogen-FARBEN wieder zu mir zurückgekommen sind und ich endlich wieder Wünsche erfüllen kann.“

„Welchen Wunsch darf ich dir erfüllen?“, fragte Glitzer Alina.

„Ich wünschte, ich wünschte … ich wünschte, ich könnte das Einhorn-Königreich sehen“, sagte Alina hoffnungsvoll.

Mit einem
WUSCH und
einem **HUSCH** wirbelten
Alina und Glitzer
den **geheimnisvollen**
Regenbogen hinauf, immer
höher und höher.
Dann **blitzte** ein Licht
in funkelndem
Rosa auf …

Alina traute ihren Augen nicht:
Sie war **wirklich** im Einhorn-Königreich!
Und das alles nur, weil sie einem **Einhorn**
geholfen hatte, jede Menge Spaß zu haben!

ZU ENDE

MAL MICH AUS!